망상가들의 마을

남태식 시인은 2003년 ≪리토피아≫로 등단했다. 시집으로 『속살 드러낸 것들은 모두 아름답다』, 『내 슬픈 전설의 그 뱀』이 있다. 리토피아문학상을 수상했다.

이메일 tsnbd@hanmail.net

리토피아포에지 · 37
망상가들의 마을

인쇄 2015. 9. 10 발행 2015. 9. 15
지은이 남태식 펴낸이 정기옥
펴낸곳 리토피아
출판등록 2006. 6. 15. 제2006-12호
주소 402-814 인천 남구 경인로 77(숭의3동 120-1)
전화 032-883-5356 전송032-891-5356
홈페이지 www.litopia21.com 전자우편 litopia@hanmail.net

ISBN-978-89-6412-055-2 03810

값 10,000원

이 도서의 국립중앙도서관 출판예정도서목록(CIP)은 서지정보유통지원시스템 홈페이지(http://seoji.nl.go.kr)와 국가자료공동목록시스템(http://www.nl.go.kr/kolisnet)에서 이용하실 수 있습니다.(CIP제어번호: CIP2015023479)

남태식 시집

망상가들의 마을

리토피아
LITERATURE & UTOPIA

시인의 말

아프다,

온통,

몸마저.

2015년 가을

남태식

차례

제1부 무덤에서

제2부 아프다

제3부 오늘은

제4부 숨은 꽃

| 제1부 |

무덤에서

집중

안개가 짙다. 안개가 짙으면 안개에 집중해야만 한다.

안개의 몸피를 더듬어 가늠하고 손가락 발가락의 수를 세어보아야 한다. 안개의 표정은 맑은가 어두운가, 입술은 여태껏 앙다문 체인가 배시시 열리는 중인가, 안개의 속살은 두꺼운가 부드러운가 또 얼마나 깊은가 음습한가 헤아려보아야 한다. 안개의 속살 사이에 들어앉은 나무와 풀과 집과 그 안의 숨결들, 웃음들, 빈 들판의 눈물들, 쉼 없이 나뭇가지를 흔드는 한숨들을 코로 귀로 숨으로 느껴야 한다. 감전된 듯 감전된 듯 온몸을 떨어야 한다. 언젠가는 걷힐 안개에 뒤따르는 햇살, 뒤따라 날아오르는 새 떼들의 날갯짓 따위는 잠시, 어쩌면 오래도록 잊어야 한다.

바야흐로 때는 안개가 짙을 때, 어김없이 안개가 짙고, 지금 우리는 오직 이 안개에만 집중해야 한다.

언제나없이

언제나없이 꿈은
무덤에서 이루어진다.

무덤이 열리고
아이들이 쏟아진다.
우리가 남이가 얼굴이 없는
짝퉁 우리가 손을 내민다.
살짝 주먹을 말아 쥐었다.
저 주먹 속에는 무엇이 들었나.
저 주먹을 본 적이 있다.
저 주먹과 거래를 한 적이 있다.
그 거래는 무엇이었나.

뒷짐을 지고
한 아이가 고개를 가로젓는다.
또 한 아이가 고개를 가로젓는다.
또또 한 아이가 고개를 가로젓는다.

무덤 앞에는 아직은
고개를 가로저은 아이들과
고개를 가로젓는 아이들뿐이다.
모두 걷고 있다.
제자리걸음이다.

언제나없이 꿈이
산허리 높이 올라앉아서도 낮은
무덤에서 튄다.

가위바위보

지나면 큰 집 대문 보이는 무덤가에
오래된 아이들이 왁자하다.

뒷짐을 풀고
한 아이가 손을 펼치면
또 한 아이가 손을 펼치고
또또 한 아이가 손을 펼친다.
머뭇머뭇 뒷짐을 풀고
머뭇머뭇 손을 펼친다.

왁자한 소리 마당은 꽃들 흐드러지게 핀 봄날인데
풍경은 아직 움 안 돋고 망울 안 맺은 겨울 산천이다.

한 아이가 손을 내밀면
또 한 아이가 손을 내밀고
또또 한 아이가 손을 내민다.
펼친 손은 언제 말아 쥐었을까.

내미는 손도 느닷없고
말아 쥔 손도 느닷없다.

가위바위보 가위바위보
가위……?
바위……?
왜?!……
내민 손들은 모두 허공을 향하고
손들이 갸웃하니 허공이 갸웃갸웃한다.

지나면 큰 집 대문 환하게 보여도
오래된 아이들 아무도 아직 무덤가를 못 뜨고 있다.

무너져라, 벽!

큰 집 대문과 무덤 사이에
벽이 있다.

귀를 잃은, 듣고 싶은 것만 듣는 벽은
눈을 잃은, 보고 싶은 것만 보는 벽은
입을 잃은, 하고 싶은 말만 하는 벽은

번듯한 군대마냥 나름 꿋꿋하고
도시에 쏟아진 폭설처럼
호들갑스러우나 시방 더 이상 자라기를 멈춘
피로한 식물이다.

가로막은 벽 이 편 무덤가에는
큰 집 대문을 향해 나아가는
무덤을 뛰쳐나온 거듭 거듭나는
여러 무리의 새 아이들

벽을 무너뜨려라.

쿵!
한 무리의 아이들이 앞서며 땅을 밟으니
쿵! 쿵!
또 한 무리의 아이들이 뒤이어 땅을 밟고
쿵! 쿵! 쿵!
또또 한 무리의 아이들이 연이어 땅을 밟는다

무너져라, 벽!

무너진다, 벽!

피는 꽃

(무덤 앞에는 절벽,
절벽 위에는 반쯤 무너뜨린 벽,
그 무너진 벽 뒤에는 아직 닫힌 문)

꽃이,
철 이르지는 않으나 미처 봉오리를 다 열지 않은 꽃이,

무덤을 업은 꽃이, 절벽을
업은 꽃이, 벽을 업은, 문을 업은 꽃이,

업은 무덤을 잊은 꽃이, 업은
절벽을 잊은 꽃이, 업은 벽을, 업은 문을 잊은 꽃이,

업은 무덤을 못 잊는 꽃이, 업은
절벽을 못 잊는 꽃이, 업은 벽을, 업은 문을 못 잊는 꽃이,

무덤으로 절벽으로 벽으로 문으로

진다, 부질없이 함께,
지고, 져도,

이어서 함께,
핀다, 왁자지껄 피니, 피고, 이기리라.

정물화로 앉은 사내

사내는 미처 무덤에 다 들지 못하였다.

새벽잠설쳐대면서
꼿꼿힘세우는것이
어디그것뿐이더냐
새벽기운한껏받은
저꽃들도그러하니
신열들떠밤새끙끙
아침되자얼굴활짝
화들짝한번에피어
고개빳빳한빌딩들
단숨에주저앉히며
하늘향해수수만손
올린다올려서불끈
찌른다찌르니하늘
부끄럼을타시는가
얼굴색붉어지신다
새잉태의꿈이밝다

이것은 사내가 문자로 타전한
지난 봄날 아침의 상상 메시지

지금은 겨울의 문턱을 넘지 않은
늦가을 저녁

지난 봄날 아침의 상상은
무성무성 잎을 달았던가,
주렁주렁 열매를 맺었던가.

사내는 재갈을 물고
지난 봄날 아침의 상상을 살피다가
화들짝 놀라 화들짝을 솎는다.

화들짝을 솎은 뒤
내쳐 지난 봄날 아침의 상상 메시지를 추린다.

지난 겨울의 추위는 오래도록 매서웠대도
꽂꽂 힘 세우려고 설쳐대던 동작을 멈추고
그러하니 한껏 받은 새벽 기운을 빼고

지나간 것은 모두 아름다우니
주저앉힌 고개 빳빳한 빌딩들 일으켜 세우고
일어서지 못하도록 주저앉히며를 주저앉히고

이제 올 매서울 겨울은 기억에서 사라진 불순한 오보
올리고 찌르는 수수만손은 단숨에 내리고

신열들떠밤새끙끙
새벽잠빠진저꽃들
아침되자얼굴활짝
한번에피는빌딩들
부끄럼타시는하늘
샛붉어지시는얼굴
밝으신새잉태의꿈

사내는 마침내 한 점 정물화로 앉아
고개를 돌리고 얼굴을 지우고
지난 봄날 아침의 상상 메시지를 다시 타전한다.

사내는 지레 무덤에 다 들지 아니 하였다.

벗다

무덤에 안 드니 경칩 지난 눈바람도 무지 매섭다. 골골 휘저으며 눈발로 등성이를 내리 뭉개니 시려 가슴을 웅크려 오므린다. 눈밭에 몸을 숨기니 겨울은 아무래도 못 건넌다.

무덤에 드니 한겨울의 칼바람도 다소곳하다. 찬 기운 오래 일도록 밤새 빚은 눈의 뼈 굳히지 않고, 잠깐 든 햇살에도 모두 삭힌다. 무덤에 몸을 묻으니 겨울은 아무튼지 건넌다.

무덤에 들어 겨울을 건너니 느닷없는 봄이 오고, 드디어 무덤마저 다 벗는다.

다시, 촛불

무덤가에 안개가 짙다.
안개무덤이다.
안개에는 온갖 먼지들이 겹겹 껴있다.
과거의 논리로 따지자면 이 먼지는
한편 굳건하기도 하여서
쉬이 벗길 수 없을 만큼 단단하다.

무덤가에는 잠든 여러 무리의 아이들이 있다.
모두 오래된 아이들이다.
한때는 하루 이틀 사흘 함께 잠을 설치던
나흘 닷새 엿새 함께 속을 쓰리던 아이들이다.
이때껏 보려고 하면 보기는 했으나
이제는 안개 너무 두꺼워 보려 해도 볼 수가 없다고
무덤가에서 지레 봉사 벙어리 귀머거리가 되어
포기하고 한탄만 하다가 잠든 아이들이다.

잠의 강에 빠져 비몽사몽 하는 아이들을 향해

한때 함께 설치던 잠은 무엇이었나
한때 함께 쓰리던 속은 또 무엇이었나
대답 없는 물음을 묻고 또 묻는 사이
안개무덤을 감싸는 벽은 차곡차곡 견고하게 쌓이니
오래된 아이들을 향한 물음은 그만 멈추고
오래된 아이들을 향한 바라기도 그만 멈추고
이제 다시 촛불을 든다.

일어나자!
솟구치자!
벗기자!
무너뜨리자!
우우우 함께 외치니
앞에 보이는 건

갈라져 솟구치는 잠의 강
부서져 흩어지는 무덤의 먼지
벗겨져 물러서는 무덤의 안개
무너뜨리지 않으면 감옥이라고 불릴
벽, 막아서는, 무너지는, 벽!

무덤과 새와 꽃이 있는 상투적 풍경

한 떼의 모래 사내가 돌아서고 있다.
돌아서는 사내 뒤편에
무덤 하나 덩그러니 누웠다.
예나 지금이나 무덤은 그저
무덤덤하다.

사내 따라 한 떼의 모래 여자가 돌아서고 있다.
새는 목이 쉬고 꽃은 색이 바래니
늦가을인 듯하다.
새의 목청 갈라졌으나 새되고
꽃의 대 말랐으나 꼿꼿하다.

무덤 앞에 한 떼의 모래 아이가 서 있다.
새는 목소리 가볍고 꽃은 입술 방긋거리니
초봄인 듯하다.
무덤과 아이와 새와 꽃과 봄
모두 여전하다.

무덤 안에 들까, 돌아설까,

멀찍이 숨어서 나는 홀로 겨루는데

언뜻 본 그 한 때의 모래 아이 얼굴

그저 무덤덤하다.

무덤 같다.

* 제2시집 '내 슬픈 전설의 그 뱀'에 수록, 일부 수정 재수록.

한통속

새는 새끼리 놀고 개는 개끼리 논다.
새는 새와 한통속이고 개는 개와 한통속이다.
한통속은 한통속끼리 논다.
산허리 공동무덤에 가서 보라.
무덤의 한통속은 모두 무덤이어서
무덤은 또 무덤끼리 논다.
무덤 위에도 무덤, 무덤 아래에도 무덤.
왼쪽에도 무덤, 오른쪽에도 무덤.
무덤 자리는 저마다 좌청룡 우백호 명당자리인데
봉우리 아래에는 혹 빈 명당자리가 늘 있어서
무덤들은 흘끔흘끔 서로 눈을 흘긴다.
무덤들의 마을에 밤이 깊어지면
무덤 하나가 무덤 하나를 제치고 달린다.
무덤 둘이 무덤 둘을 제치고 달린다.
무덤 셋이 무덤 셋을 제치고 달린다.
무덤들이 우르루 무덤들을 제치고 달린다.
출발선도 따로 없이 출발신호도 없이

울레줄레 달리는 무덤들의 뜀박질에 놀라
강이 뒤집어지고 산이 엎어지고 봉우리가 거꾸러지는데
뒤집어지고 엎어지고 거꾸러지는 것이 또 한통속이다.
무덤 아닌 것들은 무덤과 한통속이 아니어서
뒤집어지고 엎어지고 거꾸러져도
무덤의 마을에 들지 못하여
강도 산도 봉우리도 되 뒤집고 일으키고 세우지 못하나
아직 무덤 아닌 것들은 애써 그 마을 기웃대지 말아라.
무덤의 한통속에는 또 밤이 있고 밤의 끝은 낮이니
밤과 한통속인 무덤은 무덤끼리 밤 새워 놀도록 두고
지금 무덤 아닌 것들은 밤의 뒤편에서 낮을 지어라.
밤이 더 깊어지면 더 빨리 오는
어둠이 깊어져도 묻히지 않을 낮을 지어라.

무덤꽃

금강봄맞이꽃 갯장구채는 봄꽃이고, 해오라비난초 절굿대는 여름꽃이며, 꼭두서니 돌피는 가을꽃이고, 털머위 사프란은 겨울꽃이다. 모두 야생의 꽃으로 철 따라 다투어서 피지만 색색으로 조화롭게 꾸밀 뿐 산야의 작은 한 귀퉁이도 무너뜨리거나 사라지게는 안 한다.

무덤 안에서 피는 꽃이 있다. 이 꽃은 그러니까 무덤꽃이다. 무덤 안은 철이 따로 없으니 이 꽃은 철없는 꽃이다. 그러니까 망나니꽃이다. 아무 때나 다투어서 피고 다투어 이어서 피는데, 다툼은 다툼이어서 말을 휘두를 때마다 산야의 한 귀퉁이가 무너지거나 사라진다.

개는 개끼리 한통속으로 골목에서, 새는 새끼리 한통속으로 하늘에서 놀듯이, 무덤꽃은 무덤꽃끼리 한통속으로 무덤 안에서 논다. 야생의 꽃들은 야생의 꽃들끼리 다투어도 야생에서 한통속으로 놀아야 하는 법, 무덤 안을 기웃거리는 야생은 곧 시들어 향기를 잃는다.

무덤꽃들은 자주 말을 휘둘러 야생의 꽃들을 찍어 내모는데, 언젠가는 무덤꽃들이 어느 야생의 한 꽃무리를 찍어 내몰 때 다른 야생의 몇 꽃무리도 무덤 안으로 가 들러리를 서더니, 철없는 말바람에 철 이른 눈바람이 몰아쳐 한통속의 야생의 꽃들이 무수히 스러졌다.

낯익으나 낯 선 풍경 앞에서 나머지 야생의 꽃들은 말을 잃었는데, 무덤꽃들이 뒷춤에 감춘 이어서 누구를 향할지 알 수 없는 저 손가락들을 못 본 체 하고 미리 떨며 선 들러리에 또 오래 줄줄이 수치를 당할 거다. 그러니까 무덤 안에서 노는 꽃은 다 무덤꽃이다.

첫 키스의 추억

(첫 키스는 달콤했어라.
단숨에 아랫도리 허물어졌어라,
가슴 무너졌어라, 너는.
너는 사랑에 빠졌어라.
첫, 사랑이었으라.)

(하여 너는 또
첫 키스의 순간이 그리운 것이다.
달콤한 기억이 궁금한 것이다.
궁금해서 확인하고 싶은 것이다.
다시 느껴보고 싶은 것이다.)

(첫 키스에 이어 첫 사랑,
첫 사랑은 짝사랑,
짝사랑에 뒤따르던 시간들은 무엇이었나.
그 시간은 오랜 시간, 폭력과 치욕의 시간.
짓밟히고 내동댕이쳐져 얼굴을 다 잃은 무참한 시간.)

(너는 오직 첫 키스의 달콤함에만 끌려
그 무참한 순간들을 막무가내 지우는 것이다.
폭력과 치욕의 시간마저 자꾸 불러내는 것이다.
악몽의 벼랑길을 달려가는 것이다.
벼랑 끝에 서서 발가락을 곧추세우는 것이다.)

(아서라, 아서라,
첫 키스의 순간에 괄호를 치고 또 치는
나부끼는 손사래를 걷어내며
너는 그저 첫 키스의 달콤함만 외치다가
올 리 없는 첫 키스와 영영 이별하는 것이다.)

첫눈, 당신, 당신의 당신

첫눈 내리던 날, 당신의 당신은 거리로 나섰지. 눈바람 속에서 종일 당신을 기다렸지. 첫눈 내리는 날 만나자는 당신의 약속을 믿고 나선 거리였지만 기다려도 약속했던 당신은 오지 않고 당신의 당신은 찬바람만 맞으며 시간을 눈발과 함께 날려버렸지. 오랜 시간이 흐른 뒤 당신의 당신은 당신과 언제 그런 약속이라는 걸 한 적이 있긴 있었든가 의심하다가 돌아섰지.

저녁이면 당신의 당신은 어느 골목을 서성였지. 그 골목은 당신과 함께 할 때만 존재하는 골목이었는데 그 때는 이미 함께 하던 당신은 사라진 골목이어서 벌써 없는 골목이었지. 당신의 당신은 그 골목을 차마 내치지 못하고 골목의 이 끝에서 저 끝, 저 끝에서 이 끝까지 밤새워 돌고 또 돌았지. 그러다 당신의 당신은 그 골목의 그림자만 안고 그 골목을 떠났지.

그런데 당신, 당신은 정말 당신의 당신과의 약속을 잊었던가, 당신의 당신과 함께 할 때만 존재하는 그 골목에서 사라졌던가, 혹 당신, 당신의 당신과 그림자놀이라도 하고 있었던 건 아닌가, 어쩜 당신은 오랫동안 그 거리에 서서 기다리던 당신의 당신을 모르는 척하고 그 골목을 돌던 당신의 당신마저 애써 안 보면서 그림자만, 그림자만 보고 또 보고 있었던 건 아닌가, 생각했지.

그리하여 당신은 그림자놀이를 멈추었지. 당신의 당신이 기다리는 거리로 나섰지. 당신의 당신이 서성이는 골목으로 돌아갔지. 첫눈이 내리리라는 예보만으로도 여전히 눈발 맞으며 당신을 기다리는 당신의 당신의 그림자를 걷었지. 없는 골목에서도 밤새워 돌고 또 도는 당신의 당신을 온전히 안았지. 첫눈은 아직 내리는 중이지. 펑펑 함박눈으로 바뀔 준비가 되어 있지.

다시 불리어진 노래

어수선산란한 바람에 휘둘리는 밤과 새벽까지 피울음을 삼키는 아침의 날들이 있었다.

들지도 깨지도 않은 피 먹은 듯 늘 붉은 눈의 잠이 있었다.

노래가 있었다.

기억의 실을 자아내지 않고도 추억의 그물을 촘촘히 짜 때때로 향수를 불러일으키는 반복해서 들려주어 반복해서 듣던 노래가 있었다.

그 노래가 불리어졌다.

일순간 과거에 사로잡힌 세뇌된 광신의 무리들에게서 집단적으로 불리어진 향수의 노래에 오래 애써 쌓은 둑이 무너졌다.

그 시절, 우리가 반복해서 듣던 노래는 무엇인가.

그 후, 우리가 오래 애써 쌓은 둑은 또 무엇인가.

향수의 노래를 부른 우리는 대체 누구인가.

묻는 사이,

밤을 휘두르는 어수선산란한 바람과 새벽까지 삼키다가 아침을 맞는 피울음의 공포로 들지도 깨지도 않은 붉은 눈의 잠이 다시 이어졌다.

잠

몸은 치인 돌처럼 무거워
마당의 나무는 종일 바람에 시달린다.

바람 멈추고,
나무 고요한 침묵에 이르면,
잠은 기절처럼 찾아와 강물 깊이 가라앉으리라.

찬 숨 거친 기운 내지르는 바람이야
일단 감당을 미루고,

나무 다잡는다.
나무 다잡는다.
우선 나무 다잡는다.

마침내 몸은 붙박인 바위처럼 굳어
미처 오지 않은 잠은 길을 잃는다.

악!

한 때는

불편했다.
어긋나던 길들이
삐걱대던 걸음이
체증으로 막힌 명치 뚫리듯 터지던 말들이
받아쳐 붉은 말의 물 은근슬쩍 뿌리며 온 동네를 휘젓던 노골적인 안개가
안개마을에서 말과 말이 부딪쳐 절로 꺼지는 땅 짚은 손 놓으며
우수수 쏟아지던 머리카락들이

불편했다.
시계가 멎는다.
주방의
욕실 거실 안방의
광장의 시계가 멎는다.

자명종이 운다.
주방에서
욕실 거실 안방에서
광장에서 운다.
동시에
자명종이 우는

지금은

불안하다.
불편을 넘어
멎은 시계가
동시에
동시에 우는 자명종이
울고 울면서 죽지 않는 자명종의 입을 막으며 돌아눕는 길이
길 안에서 길 밖으로 빠르게 튀는 돌들이
쌓여 하늘까지 오르는 탑이
강이 산이 바다가 바람이 구름이
강길 산길 바다길 바람길 구름길 앞에 두고
우뚝우뚝 날마다 마주 솟는 절벽이

마침내 하늘이
절벽 사이에서 망연자실한 시인의 상상력이

불안하다.

악!

이별노래

잘 가라

그대

아침이여

배는 강을 거슬러

늦은 저녁으로 흐르고

강 저편에서는

밤을 부르는

밤의 그림자를 감추는

폭죽이

(축포?)

예고대로 터지는데

강 이편에서 나는

이미 떠나간

아직 오지 않는

아침에게

잘 가라

아침이여

그대

잘 가라 …………

| 제2부 |

아프다

앓는 강

막무가내 모래를 퍼 올리는 기계소리에 꿈이 어지럽다. 없는 무덤에서 고려장 당한 주검으로 웅크려 숨을 졸인다. 물길을 막으니 오탁에 썩어 찌든 눈언저리의 검은 그림자가 두껍다. 오랜 선잠에 샘이 끊어진 마른 눈이 쓰라리다. 인공샘물을 채우고 더듬거리며 꺼풀을 찢는다. 보일락 말락 언뜻 번뜻하는 눈동자는 맑은 하늘을 담지 못 한다. 오래 하늘을 품지 못한 눈동자는 녹이 슬어 벌겋다. 인공샘물은 밑 빠진 독이다. 묻지 마 관광에 묻지 마, 미래를 저당 잡아 당겨쓰는 이 누구인가. 마침내 밑 빠진 시멘트 독에 취해 실명하니 첫 키스의 풍경을 다 잃는다. 미래가 가뭇없다.

아니오

무덤의 나라에는 아니오가 없다.

아니오가 없는 무덤이
허물고 쌓고 허물고 쌓는 것들은
모두 무덤

무덤들 위에 새로 피우고 돋우는
꽃들도 무덤
풀들도 무덤

무덤이 된
꽃들이 슬프다.
풀들이 슬프다.

아니오가 없으면
아니오가 없는 나라도 무덤
그 나라의 산천이 모두 무덤

아니오가 없는 무덤이 슬프다.
아니오가 없는 나라가 슬프다.
그 나라의 산천이 모두 아프다.

착각

이 강을 훔치는 자들은
2%다 3%다 5%다.

먹튀다.

착각하지 마시라,
소문 못 내는 잔치라서
고물은 안 떨어진다.

나머지는 다
깡통이다.

누군가 보시기에는

먹퉈들의 싹쓸이에도
모르쇠하는 뒷짐에게
강변의 모래들이 외친다.

깡통이라 아름다운가.

이 강과
오래된 미래의
누군가 보시기에는

깡통도 다
먹튀다.

신문에서 코 떼고

오시라,
보시라,
구경하시라.

불이 나
돈불이 나
잉잉 천불이 나

살 내리고
뼈 삭아
너덜 덜렁거리는데

불타는 강은 안 보시고
왜 그리 신문만
내리 뚫으시나.

불이야,

돈불이야,
잉잉 천불이야.

신문에 박은 코
이제 그만
떼시고

오시라, 보시라,
괜찮다, 괜찮다,
구경이라도 하시라.

보든지 댐이든지

이포보 여주보 감천보 금남보 금강보 부여보 승촌보 죽산보 상주보 낙단보 구미보 칠곡보 강정보 달성보 합천보 함안보

이 물막이는
보냐 댐이냐.

보든지 댐이든지

다 먹튀다.

뒷배

모래 자갈 풀 나무 물고기 새
물빛 하늘빛 별빛 달빛,

당신이 이 강에 빚으신 형상들이
죽을 몸살을 앓고 있습니다.

이 강의 뒷배이신
하느님,

아시지요?

이 강에서는 이제 당신마저도
깡통입니다.

농담처럼

4년에 하나씩 농담처럼
하나 둘 셋 세워져

다음에 누군가가 가능하다면
다리를 이어 올리겠지 농담처럼 능쳤으나,

어느 해 태풍에 뿌리가 뽑혀
농담처럼 사라진

그 다리의 다리들은
기왕의 농담처럼 하자면

다 먹튀.

궁금하다,

지금 이 다리는 농담처럼 세워졌던

그 다리의 다리 위에 놓은 다리가 아닌데

농담처럼 세워졌다 농담처럼 사라진
그 다리의 다리들 그 먹튀들,

흐르고 흘러 어느 강 언저리에서
아직도 농담처럼 맴돌고 있는지.

복제

이 강에서 투전을 벌여 보물을 낚은 자들은
다 먹튀다.

먹튀들이 낚시를 던지고 있다.
장미꽃잎들을 흩뿌리며 투전판을 늘리고 있다.
애초의 속셈대로다.

저 장미꽃잎들!
어김없다.
낚싯밥이다.

늘린 투전판에서 보물을 낚는 자들도
여전하다. 언제나
그 먹튀다.

남은 것은 모두
무덤이다.

생명의 물을 정화하다 투전으로 밀려난
강모래들로 쌓아올린 모래무덤이다.
속이 빈 깡통 같은, 그런,

무덤이다.

이른 밤

눈이 오려나, 종일 날이 흐린데
눈은 안 오고
저녁만 일찍 왔다.
저녁에 이어 밤만 일찍 왔다.

잠깐이지만 눈이 오기는 했던가.
눈 온다 외침을 들었던 듯도 한데
기계에 합체한 몸을 풀고
고개 들고 귀 열고 눈 열었을 때는
소리가 먼저 사라졌는지
눈이 먼저 사라졌는지
소리도 없고 눈도 없다.

하니 눈이 왔어도 정녕코는 오지 않은 것.

날이 흐릴 때 이른 저녁과 이른 밤이야
이미 예고된 것.

혹시나 하느라 이르게 올 저녁과
밤을 헛짚고
어둠 속으로 들어서서야 마음은
삔 발을 낯설어 하며 새삼스레 뒤뚱거렸다.

미로

미로는 곳곳에 있다.
발목을 조심해.
초저녁에 매설한 지뢰에
밤나들이 나온 짐승들이 가끔
다리를 잘리며 바수어지기도 했다.
아침에 지뢰를 걷으면서
물끄러미
발목을 살피다가
애꿎은 모래더미만 퍽퍽 찼다.

미로는 곳곳에 있다.
오늘은 트인 해변이 미로다.
수평선 바닷길이 미로다.
기우뚱 물속에 잠긴 여객선 한 척.
여객선이 미로다.
신호를 기다리며 바라보는
길 건너 바둑판 골목골목에

여객선을 향해 붙박인 노란 깃발들.
미로에서 깃발들이 기적을 지피고 있다.

미로는 곳곳에 있다.
미로의 관리인은 누구일까.
요즘 들어 미로를 자주 만난다.
잃을 길 없는 사각의 바둑판 위에서
우리는 또 길을 잃고 있는 중이다.
물속 꽃들의 신음으로 쌓이는
눈물들을 태우느라
여러 밤 여러 잠을 지우는 중이다.
미로에서 기적의 단속인은 누구일까.

망상가들의 마을

망상가들의 마을에서는 망상이 비처럼 음악처럼 또 신화처럼 흐른다.

신화는 수세기동안 내와 강과 바다를 넘나들며, 빈번한 급사 객사 과로사로 한 대륙을 휩쓸어 인적 드문 마을로 새판 짜던 패스트.

도시에서 세차게 일어난 신화는 하수구를 거쳐 운하를 타고 시골과 숲과 사막까지 걷잡을 수 없이 퍼진다.

신화에 자발적으로 감염된 망상가들, 쥐 먹은 패스트를 삼키고 미쳐 봄 오기도 전에 공든 탑 부수고 나가 봄날 꽃노래에 취한다.

신화는 이제 망상가들 마을의 최선의 주식.

신화에 없는 아빠의 손맛으로는 부자와 성공이 단연 으뜸.

망상가들은 부자와 성공을 곁들인 신화 식탁으로 온 몸 다 밀어 한껏 줄기를 뻗는다.

가난의 맵고 쓴 맛 씹든 씹지 않든 신화 패스트 전염에 적극 자원한 광신화 바퀴들, 부자와 성공의 광고판을 높이 달고 이리저리 행을 걸치며 우물우물 빠르게 말 굴리며 달리는 밤.

신화 패스트 뼈 속속 침투시킨 망상가들, 봄여름가을 부지런히 잎 주고 꽃 주고 열매 주고도 깊은 잠에 드는 겨울마저 깨워 쉴 사이를 잊는다.

온 줄기에 주렁주렁 살과 피를 태우는 조팝꽃등을 달고, 슬쩍 연을 걸친 부자와 성공의 신화 문장 틈에서 덧쌓이는 피로 맨몸으로 견디며 억억, 틔는 열꽃 밤새 터뜨린다.

춘추를 묻다

춘추요?

이곳은 상놈의 동네라 춘추가 없지요.
개같이 벌어 정승처럼

아뇨,
쓰지 않지요.

혹 출세 길이라면 당연
정승처럼

아뇨,
개같이 쓰지요.

화수분을 품고 산다는
개도 있다지요.

없는 춘추에도 꽃놀이 단풍놀이 쉴 사이 없으시다는
우리 여전 섬기시는 빈 독이시여.

없는 춘추 오래 또 번갈아 따라 즐기시는
혹 당신도 꿈꾸는 화수분,

개?

중독자들

서산으로 가서 묵은 어둠을 불러 다시 밤을 만들고
밤의 뒤가 아침이니 아침이라 새로 짓고
잊은 듯 문득 서산에 노을이 지면
저녁아침이라 하고
아침이라 하고

안개가 짙네,
하며 보고 싶은 것은 다 보는 저,
눈빛을 무어라 하나.

산에서 들판에서 강변에서
울레줄레 서는 어릿광대들을
허수아비라 하고
시인구관조라 하고
교수앵무새라 하고

안개 안 걷혔네,

하며 가고 싶은 길은 다 가는 저,
속내를 무어라 하나.

산에서 곡괭이질로 도루묵을 구하리라 하고
들판에서 삽질로 붕어빵을 거두리라 하고
강변에서 가래질로 뻥튀기를 얻으리라 하고

실용적인 상상력이네,
하며 허공으로 던져 올리는 저,
헹가래를 무어라 하나.

모르는 척 따라 허수아비 구관조 앵무새,
시치미를 떼며 서녘하늘을 향해
부리를 가파르게 치미는 저,
새떼들을 또 무어라 하나.
새떼들의 뒷춤을 무어라 하나.
뒷춤의 도깨비를 무어라 하나.

온 혈에 침을 꽂고 누울
번번이 재발하는 저,
불감증을 또 무어라 하나.

벽 속에 갇힌 새

저 벽 속에 새가 갇혀 있다.
하늘과 맞닿은 산봉우리를 내려와
푸른 소나무 숲을 지나
곧은 대나무 밭을 가르는
담을 넘으면
쇠창살 안에
그림자 숲이 있는
거울이 걸려 있는
저 덧칠한 벽의 덧칠 속에
새가 갇혀 있다.

그림자 숲은
부자와 성공의 신화가 던지는
유혹이다.
새는 그림자 숲으로 들어간다.
보이지 않는 바람이
그림자 숲을 흔든다.

출금을 누른다.
문이 열리지 않는다.
창구에 문의 하세요.
바람이 빠지는 소리가 들린다.
메인보드의 콘덴서가
퉁퉁 분 주둥이를 내민다.
눈을 가린 먼지를 털며
옆구리를 찌른다.
모른다, 안된다,
감은 눈 더 감는다.
달라는 곁은 주지 않고
펼친 시장을 닫는다.
닫히는 시장을 막아서며
주세요, 주세요,
연속으로 출금을 누른다.
카드를 밀어낸다.
통장은 물고 달아난다
문이 잠기고
통신회선이 끊어진다.
쏟아지던 말들은
입술을 비틀며

그림자 숲으로 숨는다.
애초부터 풀 생각이 없던 말은
화석으로 굳는다.
고쳐주세요, 나누어 주세요,
유물박물관이 우뚝 일어서
숨을 끊는다.
마침내 그림자 숲에는
바람만 남는다.

저 벽 속에 새가 갇혀 있다.
그림자 숲을 찾아왔다가
돌아갈 길을 잃은
날개가 부러진 새가
새의 피울음이
저 덧칠한 벽의 덧칠 속에
갇혀 있다.
부자와 성공의 신화로 덧칠한
그림자 숲이 있는
거울이 걸려 있는
저 벽은
새들의 무덤이다.

대롱대롱

보라,
문이란 문들 모두 꽝꽝 닫힌 막다른 골목길 멀리,
한 밤 내내 붉은 광기 빛나는,
다 내게로 오시라 두 팔 한껏 벌리신,
첨탑,
끝.

위기탈출 넘버원,
서민 살리기 현수막 또 내거시고,
또 공중부양 하시는,
신통한,
아,
까치밥.

조마조마

끓는 욕망과 차오르는 환호성을 낮밤 가리지 않고 터뜨리는,
가르며 되돌리며 길을 헝크는,
사찰의 문 안과 문 밖을 경계 없이 넘나드는,
좀비처럼,

사찰의 문에 오랫동안 눌러 붙어 좀비들의 연속극을 보는,
두근두근 가슴 몇 근을 떨어뜨리는,
불어! 불다가 불길이 번져 불똥이 튈까 떠는,
풍선껌처럼,

모텔 주차장의 가리개로 눈을 가린,
번호판처럼,

좀비들의 이빨에 깊숙이 목을 물려 감염된,
PC처럼,

어떤 셈법

"하나에 하나를 더하면 둘이요, 둘에 둘을 더하면 넷이다."

그 동네에서는,
하나가 아니고 적어도 셋쯤에서 시작하는 그 동네에서는,
(번번이)
셋에 셋을 더하면 여섯에 셋이 남고,
넷에 넷을 더하면 여덟에 넷이 남아,

그 동네의 어떤 시절과,
노동으로 흘리는 땀이 없는 그 동네의 또 어떤 시절에는,
(당연히)
다섯에 다섯을 더하면 열에 다섯의 어깨가 남고,
여섯에 여섯을 더하면 열둘에 여섯의 주먹이 남아,

남아서,

| 제3부 |

오늘은

오월, 초록

미처 다 피우지 못한 어수선한 조증의 꽃 떨어진 밑자리를 서성이다가, 되돌릴 과거는 기억조차 가뭇한 데 벼락처럼 솟은 절벽을 마주하고 울증에 빠진,

조증의 시간 오래도록 지켜낼 꿈을 꾸며 동면에 든 뱀처럼 침묵으로 견디다가, 어느 새벽 잠결인 듯 꿈결인 듯 절벽에서 내동댕이쳐져 멍투성이로 사라진,

술렁술렁 웃으며 푸른 핏줄 불끈 세우며, 우우우 이 오월의 숲에서 초록의 함성 떼로 내지르며 다시 일어서는,

사내, 한 사내, 한, 꿈의 사내.

오늘은

오늘은 꿈이 자살처럼 솟는 날이다.
오늘은 꽃이 기절처럼 터지는 날이다.
오늘은 봄이 비명처럼 틔는 날이다.

오늘은 저 먼 길의 끝을 당겨
우뚝, 절벽을 세운 날이다.
짧고 뜨거운 봄 여름 가을 꿈결인 듯 지나쳐
차고 거친 긴 겨울을 문득, 덥석, 안은 날이다.
돈에 휩쓸려 애써 잊은 만성두통을 찾은 날이다.

우리 미처 잠을 다 깨지 않은 날이다.
우리 미처 봉오리를 다 벗지 않은 날이다.
우리 미처 화음을 다 맞추지 않은 날이다.
당긴다고 당겨온 길의 끝이 벼락처럼 꺼져
오가는 길 모두 돈처럼 가르는 날이다.

오늘은 잠도 꿈도 아닌 잠에서 깨어

다시 깊은 잠을 자는 날이다.
올곧은 꿈을 꾸는 날이다.
사철 숨과 숨을 이어 환하게 터지는 꽃,
다시 씨앗을 뿌리는 날이다.
오래 함께 환호하며 부를 봄노래,
다시 목청을 가다듬는 날이다.

꿈이 이미 자살처럼은 솟지 않는 날이다.
꽃이 이미 기절처럼은 터지지 않는 날이다.
봄이 이미 비명처럼은 튀지 않는 날이다.
돈으로 일찍 늙힌 민주 회춘하여
오늘은 굽은 머리카락 허리 펴는 날이다. 이런,
생각을 자꾸 해보는 날이다.

담쟁이

저 벽에는
나를 키운 건 9·9할이 벽이라는 듯이
벽에 등을 대고 벽만큼이나
질긴 바리케이드를 치는
담쟁이.

(목발무쇠팔가스통담쟁이중절모지팡이생계형담쟁이빨강명찰베레모각목담쟁이야광봉완장삿대질담쟁이빨강빨강물감뿌리는사이비환쟁이매카시담쟁이무뉘만뉴뉴뉴악다구니담쟁이……)

저 벽과 바리케이드에는
탐욕의 집을 짓는 담쟁이 버러지.
아래에는
징그런 담쟁이의 뿌리.
담쟁이의 뿌리를 휘어잡고 흔드는
탐욕을 자극하며 없는 사탕을 발림하는
더 징그런 손.

담쟁이와 버려지와 뿌리가 엉켜
바리케이드도 벽도 절로 무너지겠지만
절로 무너지기 전에

무너뜨려라!
바리케이드
벽!

잘라라!
징그런 담쟁이의
뿌리.
더 징그런
손!목!

양치기

이 양치기는

아흔아홉 마리 양들을 들판 가운데 버려두고
한 마리의 잃은 양을 찾는
착한 양치기.

붉은 안개를 몰고 다니는
노을을 등진 늙은 양치기.

(근대화양치기친일양치기반공양치기사대주의양치기신자유주의양치기시장만능싹쓸이양치기자유민주주의양치기역사망각노예육성양치기……)

수시로 붉은 안개 속에 얼굴을 감추고
이념의 모자를 바꾸어 써도
모자 아래의 이마는 늘 탐욕으로 번지러워
근본은 전혀 바뀌지 않는

1%

기득권자.

들판 가운데 버려둔 아흔아홉 마리 양들의 둘레에 울타리를 치고
잃었다는 한 마리의 양까지 끝끝내 찾아서 가두네.

하늘

퇴근길 서울 여의도 거리에서는 실직한 30대 전직회사원이,
오후 울산의 단골가게에서는 무직의 20대 청년이,
심야 수원의 어떤 가정집 거실에서는 술에 취한 일용직 30대 노동자가,
칼을 휘둘렀다.
모두 지난 한 주에 일어난 일이다.

퇴근길 서울 여의도 거리에서는 분노한 30대 전직회사원이,
오후 울산의 단골가게에서는 절망한 20대 청년이,
심야 수원의 어떤 가정집 거실에서는 술에 취해 자포자기한 30대 노동자가,
칼을 휘둘렀다.
모두 지난 한 주에 일어난 일이다.

뭉뚱그려 우리는 이 모두를 묻지 마 범죄라고 부른다.
묻지 마 하류, 묻지 마 벼랑 끝,
묻지 마 칼부림, 묻지 마……

퇴근길 서울 여의도 거리에서는 분노한 하늘이,
오후 울산의 단골가게에서는 절망한 하늘이,
심야 수원의 어떤 가정집 거실에서는 자포자기한 하늘이,
칼을 휘둘렀다.
모두 지난 한 주에 일어난 일이다.

꽃과 새가 있는 집

1.

꽃들이 창백하다.
이 집에 든 꽃들이 창백하다.
빨강 주황 노랑 초록 파랑 남색 보라
이름만으로도
앞뒤 어떤 꾸밈말 없이
색깔만으로도 어울림만으로도
어여쁘고 빛나는 이름들이
이 집에 들어 창백하다.
하늘의 무지개
하늘의 별도 이 집에서는
경쟁이다!
전쟁이다!
모두,
창백하다.

2.

일요일, 봄맞이 산행을 갔다. 마른 나무껍질을 비집고 틘 어린 새들을 보았다. 무엇을 버티는 것일까, 날개를 한껏 오므린 어린 새들. 내려올 때 보니 올라갈 때보다 더 날개를 말며 웅크리고 있었다. 문득 떠오르는 생각. 뒤집힌 계절의 깡 추위와 오랜 가뭄이 이 어린 새들에게는 돌이킬 수 없는 감옥이구나, 무덤이구나. 뒤이어 떠오르는 아이 생각. 0740 0730 0720 0710 0700 에서 2300 2310 2320 2330 2340 까지. 아이는 어제에 이어 오늘도 학교에 갔다.

3.

나의 꽃잎, 너의 꽃잎, 나의 깃털, 너의 깃털,
하나만이라도,

창백한 꽃잎, 오므린 깃털,
그러하더라도, 하나만이라도,

내밀어,
내밀게 바꾸면,
자꾸 내밀고 또 내밀게 바꾸면,

처음엔 한 이파리 스치듯 지나는 가벼운 바람일지라도,
내민 꽃잎 내민 깃털 함께 꼭 잡게 바꾸면,

협력의 물결 고요하게 일렁이고,
공생의 바람 반란처럼 온 이파리 흔들어,

마침내 바뀌는 집,
마침내 따라 다 바뀌는 세상.

우선 하나만이라도,
내밀어,
내밀게 바꾸면,

놀며 피는 꽃

복지사회란 경제적인 조건만으로 되는 것이 아니고 영혼의 탐구가 상식이 되는 사회이어야만 하는데, 이러한 영혼의 탐구는 경제적 조건이 해결된 후에 해도 늦지 않는다고 생각하고 마치 소학생들이 숙제시간표 만드는 식으로 시간적 절차를 둘 성질의 것이 아니다. 다시 말하자면 영혼의 개발은 호흡이나 마찬가지다. 호흡이 계속되는 한 영혼의 개발은 계속되어야 하고, 호흡이 빨라지거나 거세지거나 하게 되면 영혼의 개발도 그만큼 더 빨라지고 거세져야만 할 일이지 중단되어서는 안 될 것이고 중단될 수도 없는 일이다. - 김수영, 1960.

이른 새벽부터 일어나 종일을 피어 있는 꽃이 있다. 한낮에나 어슬렁거리고 나와 한나절만 피어 있는 꽃도 있고,

종일을 싸돌아다니다가 해질 무렵 잠깐 피는 꽃도 있으며,
낮에는 어딘가에 박혀 있다가 달뜨는 밤에만 나와 피는 꽃도 있다.

여러 철을 이어서 피는 꽃도 있지만, 봄에만 피는 꽃도 있고,
여름에만 피는 꽃도 있으며, 가을에만 피는 꽃도 있다.
겨울에만 피는 꽃도 있고, 언제 피었지? 모르는 새 지나간 꽃도 있으며,
피울까 말까 고민하다가 끝내 안 피는 꽃도 있다.

어떤 꽃이 보기에
한낮에 피는 꽃은 한나절을, 해질 무렵 피는 꽃은 종일을 논 꽃,
밤에만 피는 꽃은 정신이 온전하지 못한 꽃일 수 있다.
한 계절만 피는 꽃은 집 말아먹을 꽃,
모르는 새 피었다가 진 꽃은 멍청한 꽃,
끝내 피지 못한 꽃은 말을 말아야 할 꽃일 수도 있다.

하지만 하늘은 언제나 어김없이 모든 꽃들에게
고루고루 물과 바람과 흙과 햇빛을 내리시고,

꽃들은 또 고루고루 내리시는 하늘을 탈 잡지 않으며,
제 필 때를 알아 피고 함께 피어 있으니,

누가 보시더라도 이건 공정하고 조화롭다.
상식의 집에서의 일이다.
상식의 집에서는 이건 그냥 상식이다.
영혼의 탐구가 상식이듯,
호흡이 또 상식이듯.

물망초勿忘草

모르는 새,

수원의 한 아파트 옥상에서 2013년 5월 18일 중간고사 성적이 나쁘다는 꾸지람을 듣고 가출한 14살의 꽃이,

장흥의 한 아파트에서 2013년 5월 14일 영어성적이 많이 떨어져 고민했다는 12살의 꽃이,

광주의 한 아파트 20층에서 2013년 4월 29일 "한 달 동안 죽을 생각만 했다. 난 공부 때문에 정말 죽고 싶을 정도로 스트레스를 받았다."고 유서를 남긴 15살의 꽃이,

서울 강남의 한 아파트 14층에서 2013년 4월 1일 모의고사 성적표를 받은 뒤 첫 등교하던 17살의 꽃이,

부산의 한 아파트에서 2013년 3월 26일 "제 머리가 심장을 갉아먹는데 이제 더 이상 못 버티겠어요."하고 어머니에게

문자메시지를 보낸 16살의 꽃이,

대구의 한 아파트 15층에서 2013년 3월 6일 입시제도가 싫다는 내용의 유서를 남긴 최상위권 성적의 16살의 꽃이,

떨어졌다.
(일상적으로)
툭!
∵
∵
∵
∵
∵
∵
물망초

이미 꽃

공기 정화를 위해 한 10년 거실에 놓아둔
금전수 산세베리아가 연달아 꽃을 피웠다.

어머, 꽃이 피었네!
금전수 산세베리아도 꽃 피는 몸?

금전수 산세베리아의 꽃을 보고 알았다.
모두 몸속에 품고 있는 꽃.

아이야 0교시에는 뭐하니? 자요.
야자에는 뭐하니? 자요.

아이들은 처음부터 이미 꽃.
애초부터 놀면서 피는 꽃.

문을 연다. 가위를 놓는다.
철사를 푼다, 버린다.

기형의 몸 위에 피우는 꽃도
애써 꽃이기는 하겠지만

꽃은 자유롭게 피는 것.
자유의 몸에서 꽃다운 꽃으로 스스로 피는 것.

금전수 산세베리아가 꽃을 피웠다.
그 꽃 보고 새삼 느끼는

보든 안 보든 꽃인 아이들.
피든 안 피든 이미 모두 꽃.

꽃들에게 평화를

(무덤가에 꽃들이 피어 있다.
무덤 위에 꽃들이 피어 있다.)

무덤가에 핀 주황꽃은 주황꽃이냐 빨강꽃이냐
꽃대를 감아 오르며 뜬금없이 슬쩍 말을 흘리는
담쟁이 하나.

무덤 위에 핀 노랑꽃은 노랑꽃이냐 빨강꽃이냐
꽃들의 목을 휘감으며 기다렸다는 듯이 목소리를 높이는
담쟁이 여럿.

빨초록꽃 빨파랑꽃 빨남색꽃 빨보라꽃
온갖 꽃들에게 빨강물을 칠하는 담쟁이는
육갑이 넘은 메카시.

꽃들은 왜 하필
무덤가에 피었느냐 무덤 위에 피었느냐

주노초파남보
위장이다! 벗겨라!
다 빨강이다!
잠시 사라졌다가 이름만 바꿔 나타나 여전 꽃들을 옥죄는
육갑에 반육갑을 더해 가는 카멜레온.

꽃들의 평화를 위하여 이제
뿌리를 뽑자!
바짝 말려서,

싹 다시 못 틔우도록
불태우자!
온 육갑하는
저 메카시, 카멜레온!

밥

1.

내 기억 속의 아버지는 이생에서는 끝내 오직 군인이셔서 이런저런 일로 때때로 어린 우리들의 군기를 잡으셨으나, 주체 못할 방랑기로 초등학생 때도 하루나 이틀, 가끔은 사나흘쯤 탈영했다 귀대하고는 했던, 또 어린 내 기억 속의 아버지는 다른 여느 어버이들처럼 애틋하기도 하시어서, 문간에서 마주칠 때마다 늘 물으시던 첫 마디는,

때가 아침이면,
아침 먹었나?
때가 점심이면,
점심 먹었나?
때가 저녁이면,
저녁 먹었나?

그래 밥은 먹었나?

2.

이는 서울대 생활과학연구소, 질병관리본부, 대한소아과학회 등에서 밝히거나, 방한한 유니세프 평양사무소장이 남한 인사들에게 알린 내용이다.

북한 동북지역 한 고아원의 중학교 5학년인 만15세 통일기둥군은 키132㎝에 몸무게30㎏으로 남한 초등학교 3학년 만9세 통일기둥군 수준이고, 이 고아원의 초등학교 4학년인 만10세 통일들보양은 키117.2㎝에 몸무게22㎏으로 남한의 만6세 유치원생 통일들보양 정도이다.

남한의 만11세 통일기둥군들의 키는 145.3㎝ 몸무게는 40.3㎏이나, 북한 동북부의 만11세 통일기둥군들의 키는 125.4㎝ 몸무게는 23.6㎏이고, 남한의 만11세 통일들보양들의 표준치 키는 146.7㎝ 몸무게는 39.2㎏인데 비해, 북한 동북부의 만11세 통일들보양들의 키는 126㎝ 몸무게는 25.2㎏으로, 북한의 통일기둥군들과 통일들보양들의 성장지연비율은 최소 83% 이상이다.

또 소변검사를 한 북한의 통일기둥군들과 통일들보양들 중 결핍이 장기화되면 갑상선 기능이 떨어져 몸이 붓고 키가

잘 안 크고, 심하면 지능지수(IQ)가 80~90으로까지 떨어진다고 알려진 요오드결핍증 통일기둥군들과 통일들보양들은 약 70%이다.

3.
하니
밥은 먹이면서 하자.

그들의 없는 인권에 대하여,
세습에 대하여,
누리지 못하는 자유에 대하여,
핵에 대하여,
또,

날밤을 새며 이야기 하자.
목에 핏대를 세우자.

하나 영양결핍으로 통일한국의
반쪽의 기둥 반쪽의 들보가 무너지고 있으니,

밥은 먹이면서 하자.

약은 먹이면서 하자.

아아, 마침내 뚫려 막힘없을 한 하늘 아래,
온전하게 하나로 일어설 통일의 기둥,
건강하게 하나로 떠받칠 통일의 들보를 위하여,

우선,

밥은 먹이자.
약은 먹이자.

공존共存

불바다의 폭설이
바람 타는 꽃잎처럼 분분히 떨어지는
가는 봄날에
부부가 공존의 의미를 새긴다.

두 아이를 잠재우기 위해 등을 맞댄 부부는
각자 자신만의 자장가로 아이를 잠재웠으니
집안에 콩가루 날리겠다
불교도 아내를 향한 집단 테러에 탈출하여
비전향무교회자가 된 남편이
주문처럼 읊조리는 노래는 늘 주기도문
우리에게 일용할 양식을 주옵시고
그날도 주기도문을 읊으며 아이를 먼저 잠재웠는데
문득 등 뒤에서 들려오는 아내의 자장가는
관자재보살 행심반야바라밀다시

공중제비를 타는 불바다의 폭설이

떨어진 꽃잎처럼 층층이 쌓여
당장 피바다로 출렁일 것 같은
가는 봄날의 아침에
거실에서 안방에서 각자 주문을 읊조리는
부부가 공존의 의미를 되새긴다.

우리가 우리에게 죄 지은 자를 사하여 준 것 같이
아제 아제 바라아제 바라승아제 모지 사바하
가라, 테러여! 우리는 부부다.

덫

큰 집 대문 건너편 공동무덤가에
덫이 있다.

올무 통방이 벼락틀
물코 지게코 하늘코처럼
새나 짐승을 잡는 원시적인 덫이 아닌
생존을 위한 도구이긴 하나
덫이 아닌 듯 고도의 술수를 숨기고 있는
사람을 꾀는 덫이 있다.

거의가 누가 갖다놓은 덫이나
때로 제 스스로 놓은 덫도 있으며
누가 갖다놓았으나 제 때 걷지 않아
오랜 시간이 지나자 덫임을 잊고
스스로 제 몸을 옭아매는 덫도 있다.

이 덫은 4대강에 세운

보 바닥에 올린 무늬만 보인 댐처럼
상체만 크고 하체가 가는 위태한 짐승 같아서
헛잡으면 때때로 동맥경화를 일으켜
얼굴을 파랗게 질린 멍투성이로 만든다.

단단한 방패와 튼튼한 성곽을 내세우지만
기실 누군가의 유지를 위해서만 작동하는
무덤가를 촘촘하게 감싸고 있는
질긴 이 덫을
걷어내자. 걷어내지 않으면
온전한 한 걸음을 내딛을 수 없으니

안개를 밀어내는 햇빛마냥
걷어내자. 걷어내기 어려우면
폭파를 하자.
파괴를 하자.

협동이라는 말
—어떤 셈법·2

협동이라는 말,
참 좋다.

하나에 하나를 더하여 온전한 둘이기만 하다면,
둘에 둘을 더하여 온전한 넷이기만 하다면,

모두 하나로 시작하는 동네에서 하나가 아닌
셋쯤에서 시작할 꿈같은 것 꾸지 않는다면,

셋에 셋을 더하여 여섯에 셋쯤을 더 남기려면
그 남기는 셋은 뻣뻣한 어깨임을 알고,

넷에 넷을 더하여 여덟에 넷쯤을 더 남기려면
그 남기는 넷은 거친 주먹임을 알아,

더하여 셋을 더하여 넷을
더 남길 궁리 같은 것 짓지 않는다면,

땀 흘리던 노동의 시절을 기억하고 노동으로
땀 흘린 만큼만 거둔다면 거두어 함께 산다면,

협동이라는 말, 조합해도 좋을 거다.
참 좋을 거다, 협동에 협동을 조합한 협동+조합.

쓰나미가 오는 밤

삼십 년 전 울진, 핵비가 내리면 어쩌나, 바다가 보이는 언덕 위의 작은 무덤들과 아직 짓지 않은 큰 무덤들 사이에서 다 죽어 서성이던 그날 밤,

나는 보았다.

벌떡 일어선 파도가 성큼성큼 먼 바다에서 가까운 바다로 쏜살같이 달려와 작은 포구와 낮은 집들을 굶주린 짐승처럼 순식간에 게걸스레 먹어치우는 것을,

뒤집혀 흰 눈자위 드러내며 언덕을 기어오른 짐승의 거친 이빨에 깊숙이 물어뜯긴 아직 짓지 않은 큰 무덤들의 벌려진 지붕 사이로 솟구치던 핵비를,

죽어 작은 무덤들에 누웠다가 놀라 일어나 쏟아지는 핵비를 폭풍으로 맞고 핵파도에 휩쓸려 넘실넘실 물위를 퉁퉁 불어 떠다니는 돌아갈 기약 없는 얼굴들을,

그 때 이미 내게 온 바로 삼십 년 후 엊그제의 후쿠시마를.

하나, 어찌 알았으랴.

그날 밤 물어뜯긴 이빨 자국을 숨기며, 그 언덕을 떠나 이리저리 떠돌던 내가 그 후쿠시마를 정말 만나 쓰나미보다 더 크게 눈자위를 뒤집으며 또 죽게 될지를.

30Km

재난의 중심부

반경 30Km 안에
나는 있다.

30Km

경주 월성 나아리 해변에서
52만의 시민과 내가 살고 있는
이 도시까지의 거리

시속 60Km로 달리면
30분 거리

맹골수도 세월호 가라앉은 지점으로부터
가장 가까운 섬 병풍도에서
진도 팽목항까지의

직선거리

컨트롤타워가 작동하지 않는 거리
컨트롤타워를 작동시키지 않는 거리

해프닝이 참사가 되는 거리
해프닝을 기어코 참사로 만드는 거리

수명을 연장하여 가동 중이던
후쿠시마 노후 핵발전소
반경 30Km 안
후타바마치 오쿠마마치 도오오카마치 나라하마치……

이곳은 그들이 태어난 곳
이곳은 그들이 자란 곳
제1의 고향 제2의 고향 제3의 고향……
숨을 모아 결을 짠 삶의 터전

2011년 3월 11일
이 노후 핵발전소가 폭발했다.

그리고 그들은 추방되었다.

반경 30Km 밖

재난의 중심부에서
재난의 주변부로

안전부재의 중심부에서
안전부재의 주변부로

안전불감증의 중심부에서
안전불감증의 주변부로.

이곳은 이제 버려진 땅
죽음의 중심부
그들은 버려졌다.
다시는 이곳으로 돌아올 수 없으리.

다시는 볼 수 없는 아이들
맹골수도의 아이들도
버려졌다.

재난의 중심부
컨트롤타워가 작동되지 않는
안전부재의 중심부

경주 월성 나아리 해변
노후 핵발전소
반경 30Km 안에

나는 있다.

나는 추방될 것이다.

나는 버려지리라.

모든 이에게 기본소득을 허許하셨으니

이것은 천부天賦다.

한 때 서울의 아파트는 날아올랐지만
서울의 아파트가 날아오르니
소 도읍의 아파트까지 덩달아 날아올랐지만
이제 더 이상 아파트는 날아오르지 않으리니

엎드려라, 빈 손 내밀고 엎드리면 오는 소리가 있었지만
모세의 빵가루처럼 메추라기처럼 내리는 금전 은전이 있었지만
엎드려도 더 이상 소리가 오지 않을 때가 오리니
기다려도 금전 은전은 안 내려 결국 모두 빈손을 털리니

일어서자.
어깨를 곧추세우고 꿇은 무르팍을 펴고
일어서서 맞서서 요구하자.

빈손은 벼랑 끝에 모인 물길
거대한 물줄기
쏟아지는 폭포

폭포처럼 요구하자.

폭포의 소리는 곧은 소리
곧은 소리를 부르는 곧은 소리
산을 뒤엎는 포효하는 함성

우리는 버러지가 아니다
우리에게 구걸을 명령하지 마라
천부는 애써 품 들이지 않는 것
우리의 빈손에 천부의 금전 은전을 채우라고

우리가 상상하는
모든 사람들이 평화로운 삶을 사는 세상
탐욕을 부릴 필요도 굶주림도 없는 세상
모든 사람들이 함께 공유하는 세상
그리하여 마침내 하나가 되는 세상을 위하여

엎드려서 구부려서 받는 구걸은 멈추고
차근차근 한 걸음을 지레 설정해놓고
한 발짝도 못 떼고 지레 물러서는 비굴은 멈추고
어디 하나 둘 셋 폭포가 나누어서 쏟아지더냐
한꺼번에 쏟아지는 저 폭포처럼

요구하자.

한걸음에
곧장
한 달음으로

설사 다시 아파트가 날아올라도
모두가 빈손이 안 되더라도.

이것은 천부天賦니.
이것은 천부天賦의 명命이니.

* 강은교 시 「삯전 받는 손들을 위한 노래」, 김수영 시 「폭포」, 존레논의 노래 「상상Imagine」의 이미지를 빌림.

| 제4부 |

숨은 꽃

숨은 꽃

어떤 이에게 사랑은
벼랑 끝에 핀 꽃이다.

굳이 숨기지 않더라도
숨은 꽃이다.

사랑의 절정! 같은 말은 어울리지 않아라.
가슴 깊숙이 감춘 손은 오래 전에 자라기를 멈추었으니.

그리하여 어떤 이에게 사랑은
손닿을 수 없는 벼랑 끝의 영원히 손닿지 않는 꽃이다.

화촉華燭

한 꽃등이,

한⌒두⌒여러 꽃등과,

두 꽃등이,

여러⌒한⌒두 꽃등과,

여러 꽃등이,

두⌒여러⌒한 꽃등과,

날밤집에서,

화촉!

언제부터,

언제까지,

화촉!

비공식적인 시간

언제부터 공식적인 시간이 되지 못한
지금은 비공식적인 시간.

어떤 없는 꽃등의
눈동자, 입술, 목덜미를,
비공식적으로 훔치는 시간.

아, 주름살, 주름주름진
꽃등을 드는 시간.

언제까지 공식적인 시간이 될 수 없는
지금은 비공식적인 시간.

또 어떤 없는 꽃등과
DVD방, 소주방, 카페에서,
비공식적으로 부딪는 시간.

가끔은 '또는'으로, 가끔은 '그리고'로
꽃등을 내거는 시간.

어떤 꽃등도, 또 어떤 꽃등도 없고,
비공식적이기에 공식적으로는
없는 시간.

그 꽃등이 어떤 꽃등을

그 꽃등이 어떤 꽃등을 사랑한다.
그 꽃등이 또 어떤 꽃등을 사랑한다.
그 꽃등이 또 다른 어떤 꽃등을 사랑한다.

홑사랑이다, 함께사랑이다, 겹사랑이다.

그 꽃등이 어떤 꽃등을 이별한다.
그 꽃등이 또 어떤 꽃등을 이별한다.
그 꽃등이 또 다른 어떤 꽃등을 이별한다.

사랑과 이별 사이에 미움은 없다.
모두 지난 사랑이다 이별이다.

그 꽃등이 사랑한 꽃등은 무수하다, 하나다.
그 꽃등이 이별한 꽃등은 무수하다, 하나다.

그 꽃등이 사랑한 꽃등은 그 꽃등이다.

그 꽃등이 이별한 꽃등은 그 꽃등이다.

헉! 배꼽의 숨이 터진다.
확! 피는 몸사랑.

그 꽃등이 어떤 꽃등을 이제 또 막,
사랑을 한다. 이 사랑은
홑사랑인가, 함께사랑인가, 겹사랑인가,

생각할 겨를은 없다.
거침이 없다.
마음은 늘 몇 걸음쯤 늦다.

깊

어둠이 깊어서,
비공식적인 시간이어서,
없는 시간이어서,

한 하늘이 한 꽃등의 위로 맞춤한 깊이로 내려앉고,
한 꽃등이 한 하늘의 맞춤한 깊이보다 조금 더 깊게 솟아오르고,
누워 있는 어떤 여러 꽃등을 일으켜 세우고,

터지고,
함께 터지고,
깊은 어둠을 다 채우고,

빛이라고 하나?
누군가로부터 주어지는 그런,
빛! 빛 같은 것 그런 것은 없이,

깊은 어둠을 다 채우고,
터지고,
함께 터지고,

한 꽃등이 기다리다 잠에 빠지는 어떤 여러 꽃등을 일으켜 세우고,
지레짐작한 하늘의 깊이보다 조금 더 깊게 함께 솟아오르고,
여러 하늘이 여러 꽃등의 위로 딱 그만큼 한 맞춤한 깊이로 부지런히 내려앉고,

어둠이 깊어서만,
비공식적인 시간이어서만,
없는 시간이어서만,

가능한 이것의 여운은 깊고,
갈수록 더 깊어지는 여운의 이것은,
오래도록 깊……

사랑의 방편

사랑을 지속할 수 없는 순간이 왔을 때
나는 재빨리 너를 잊었다.

너도 모르게
나도 모르게

이렇게 사랑은 지속된다.

봄이 가고
잊은 봄을 넘어
또 봄이 오듯이

꽃이 지고
잊은 땅을 뚫고
또 꽃이 피듯이

그 어떤 생각 없이

이렇게 사랑은 지속된다.

봄을 잊고
땅을 잊었어도

꽃은
안 잊히는 꽃이 있다.

이렇게 사랑은 지속된다.

예정된 이별

바람이 있어,
아니 불어 아니 오고 아니 가는 바람이 있어,
아니 불어 아니 오고 아니 가는 바람이니 애당초 아니 기다리는 바람이 있어,
아니 기다려도 혹여 오는 바람이 있어,
문을 열면 예정된 이별처럼 미처 문을 나서기도 전에 늘 서둘러 떠나는 바람이 있어,

꽃등은, 어떤 꽃등은,
맞을 리 없는 바람을 맞은 듯 안절부절하고,
골방에 웅크려서도 허방을 걷는 듯 비틀거리고,
언제부터 꽃등을 켠 또 어떤 꽃등은,
언제까지 꽃등을 들고 슬몃슬몃 골목길로 숨어들고 스며들고,

죽음의 순간

어떤 죽음은
초저녁의 가벼운 농담처럼 왔다.

와서는 깨지 않았다.

죽음의 씨앗

저, 취한 꽃.

두꺼운 손이
미처 다 허벅지에 닿기도 전에

먼저 벙글다.

죽음의 속도

속도는 즐겁다.
속도가 즐겁다.

모르는 새
헉!
꽃이 졌다.

죽음의 분량

내 죽음의 분량은
하루치다.

섭섭하신가.

하면 한 사나흘쯤으로 분량을
늘리시라.

해도 되돌릴 수 없는
시간이니

결국 하루치 분량으로도
충분하리라.

어쩜 내 죽음은
긴 기다림의 끝 시간이니

아무 분량 없이 없는 시간으로
즉시 잊혀도 무방하리라.

빈 몸

살을
보챈 적이 있었다.
살로
지새워준
황홀이 있었다.

그 황홀
장님처럼 더듬거리며
문을 잠그고
어느 날
빈 집에 갇혔다.

간힌 황홀은 빈 집에 두고
황홀을 찾아
한 백년
문 밖을 쏘다니는
몸이 있었다.

무수히 지나치면서도 그 잠근
문 두드리지 않는
사랑이 있었다.

한 백년에 또
한 백년이 더 지나도
그는 그저 언제나
빈 몸으로
잠근 문 부수지를 않았다.

* 2연은 기형도의 시 「빈 집」을 빌림.

어머!

여행길 앞에서
생각하는 한 마디
어머!

아... 하고 확인하는 조금 긴 소리가 아니라
짧은 외마디
어머!

여행길 앞에서 우리는 모두
사랑의 총 맞은 기억 상실자들
은근히 끌리는 백치들
속 텅텅 빈 백지들

여행에서 만나는 것들은 아니어도 모두
처음 보는 것들
처음 듣는 것들
처음 아는 것들

처음 당신을 본 듯이
처음 당신의 목소리를 들은 듯이
처음 당신의 실체를 알은 듯이

내지르는 소리는 모두
짧은 한 마디
어머!

네 것도 우리 것도 아닌
오로지 나만의
어머!

여행길은 나만의
어머!
를 만나는 길

늦잠

내일은 주말
늦잠을 자야지.

무덤처럼 안온한 잠을 자야지.
무덤처럼 평온한 꿈을 꿔야지.

죽은 잠은 죽어서 자는 잠
죽은 꿈은 죽어서 꾸는 꿈

나는 아직 살았으니 산 잠을 자야지.
나는 아직 살았으니 산 꿈을 꿔야지.

내일은 주말
늦잠을 자야지.

굳은 것들 굳은 것들 다 풀어야지.
언 것들 언 것들 다 녹여야지.

아침형인간일랑 점심상쯤으로나 물리고
오래도록 평화로운 봄꿈을 꿔야지.

함께 동시에 나란히 일구는 부부의 집
—축시

그대들의 거룩한 한 가슴 됨을 두 손 받들어 축하하노니
그대들은 서로 사랑하라, 오로지 사랑하라.
사랑은 늘 부드러운 눈웃음치며 달콤하게만 다가오지 않으며
조롱박 같은 입술에서 언제나 사랑이 열리지도 않으리니
말없음이 때로는 사랑이어라. 그러니 서로 묵묵히 사랑하라.

기억하라, 아내는 딸이 아니고 누이가 아님을
기억하라, 남편은 아버지가 아니고 선생이 아님을
끌고 간다 밀어 준다 주장하지 말아라.
사랑의 이름으로는 더더구나 말아라.
남편이여 그대는 아내의 지도자가 아니다.
아내여 그대의 주눅 든 순종이 곧 미덕은 아니다.
마주보는 시간은 잠시, 바라보라, 앞을 보라.
그대들 앞에는 새 하늘과 새 땅이 새로이 열린 것이니,
침묵과 맞섬의 시간 혹 길어질지라도
끝끝내 참아내며 마침내 눈 맞춘 새 길을 열어라.

알맹이를 잊은 삶으로 사랑이 짐 되는 날도 오리니,
그 때 그 짐을 사랑의 이름으로 덧입혀
혼자 들려고도 혼자만 들게 하려고도 말아라.
진정한 한 가슴은 긴 시간 뒤 새로 연 한 길을
함께 봄에 있다, 동시에 나란히 걸음에 있다.

그대들의 거룩한 한 가슴 됨을 온 마음으로 축하하노니,
그대들은 서로 사랑하라. 더불어 꾸준히 사랑하라.
함께 동시에 나란히 일군 사랑으로 행복의 옷감을 짜는
부부여, 그대들의 옷감이 성기지 않고 촘촘 고우리니,

그대들의 앞날에 축복 있으라.

관계

누가 노래를 부르며 중얼거리며 길을 가고 있다.
귀에 반짝, 빛나는 이어폰을 꽂았다.
언제였을까, 우체국에서 그를 본 듯도 하다.

내 어린 시절의 누가 종일 노래를 부르며 중얼거리며 길을 갔다.
머리에는 방긋, 벙글은 노랑 빨강 꽃을 꽂았다.
학교길 오가는 중에 자주 내 옆을 스치고는 했다.

아직도 나는 그 둘 모두 누구인지 모른다.
그 둘 모두 길 끝에 이를 때까지 어쩌면 지금처럼 모를 것이다.

2행시편

녹는 눈

밤새 참으며 들이마셔 한껏 부피를 늘린 눈이 아침이 오자 숨을 내뱉는다.

내쉬고 쉬고 내쉬고 쉬고. 내 한 때 순정의 바람이 하 세월 빠지고 있다.

홑사랑

또 사랑에 빠졌다. 홑사랑이다.

돌아보면 내 평생의 사랑은 모두 홑사랑이다. 부질없지는 않다.

미혹

나 보려고 온 먼 걸음도 아니었고 또 첫 만남이었는데

그대 다녀간 뒤 나, 뜬금없어라, 마음 하나 잃었어라.

선천先天

암도 수도 아닌 꽃술이 있다. 꼬이는 벌 나비도 그렇다. 선천이다.

선천을 따르는 춤의 갈급한 몸짓들은 암수와 같다. 밀어내려고만 하지 마시라.

시린 발

애도 안 낳았는데 오뉴월에 발이 시리다. 허허하다.

다녀간 그대의 우물이 이리도 깊다니.

찬 배

아랫배에 묵지근하니 얼음이 얹혔다. 배가 차다.

오가는 계절이 다 심드렁한데 찬 배 저 혼자 호들갑스럽다. 북, 부글, 끓는다.

|해설|

다시 힘을 얻은 맨 언어의 새로움

— 남태식의 시세계

황정산 | 문학평론가

1. 들어가며

근대 이후 시들은 상투성에 저항하는 언어라고 정의해도 크게 틀리지 않을 것이다. 언어의 상투성과 그 언어로 표현된 일상의 상투성에 저항함으로써 모든 것을 숫자로 환원하는 근대 사회의 권태와 억압으로부터 벗어나고자 했던 것이다. 일상어에 각인된 상투적 인식과 그것으로 야기되는 허위의식 또 그 저변에 깔린 현실은폐와 지배권력의 음험한 기도까지 시인들은 언어의 조작과 인위적 왜곡을 통해 그런 것들에 흠집을 내고자 했다. 그것이 바로 시와 시어의 힘이기도 하다.

하지만 지금의 현대시는 이러한 힘을 상실해 가고 있다. 또 다른 상투성에 매몰되어 있기 때문이다. 새로운 언어의 추구는 새로운 의미 형성으로 나아가지 못하고 난삽한 산문과 요설이 난무하는 언어파괴로 귀결되고 언어유희에 가까운 새로움의 추구는 스스로의 언어적 힘을 포기하고 있다. 맥락을 벗어난 과도한 환유는 언어를 사소한 삶의 단편들로 환원하여 스스로를 현실과 유리시키고 무의미에 다가가는 시적 은유들은 스스로 헤어나지 못하는 비유의 동굴 속에 빠져 있다.

바로 이런 점에서 남태식의 이번 시집은 충분히 주목을 받을 만하다. 이 시집의 시들은 다시 어떻게 이 언어의 힘을 회복시킬 수 있는지를 우리에게 보여준다.

2. 주체의 언어

언어는 생각의 집이다, 라는 흔한 말을 다시 되뇌지 않더라도 언어는 말하는 주체, 즉 화자의 생각을 표현하는 가장 강력한 수단이다. 그러므로 언어는 하나의 주체를 형성하고 그 주체의 존재 자체이기도 하다. 하지만 또 한편 주체의 언어는 타자의 언어이기도 하다. 내 말은 사실 나의 말이 아니고 누군가에 의해 규정되고 정의되고 강요된 말이다. 이렇게 언어란 타자화된 기호들의 무수한 기표일 뿐이라는 것이 최근의 언어에 대한 이론이기도 하다.

그래서 최근의 시들 역시 이러한 언어의 타자성을 드러내는 것이 주류가 되고 있기도 하다. 타자에 의해 정의된 언어를 까발리고 그 언어의 무의미성을 강조하는 시가 바로 이것이다. 그것을 통해 언어로 만들어진 현대사회의 상투성과 억압성을 드러내고 고발한다는 점에 있어서 이러한 시들이 의미가 없는 것은 아니다.

하지만 삶의 주체성을 상실한 언어는 그 자체가 언어파괴이고 주체의 실종에 복무한다. 현대 사회의 모순과 자본의 억압을 말하지만 또 한편 그것이 주는 복잡성 속에 주체를 숨기고 자신의 주체적 언명을 회피하는 방식이 된 것 또한 지적하지 않을 수 없다.

남태식의 시들은 바로 이 주체의 목소리를 복원한다. 그중 하나를 들어보자.

> 무덤의 나라에는 아니오가 없다.
>
> 아니오가 없는 무덤이
> 허물고 쌓고 허물고 쌓는 것들은
> 모두 무덤

무덤들 위에 새로 피우고 돋우는
꽃들도 무덤
풀들도 무덤

무덤이 된
꽃들이 슬프다.
풀들이 슬프다.

아니오가 없으면
아니오가 없는 나라도 무덤
그 나라의 산천이 모두 무덤

아니오가 없는 무덤이 슬프다.
아니오가 없는 나라가 슬프다.
그 나라의 산천이 모두 아프다.

—「아니오」 전문

부정은 한 존재의 가장 주체적인 표현이다. 아니라고 말할 수 있는 것은 모든 타인과 외부 세계에 대한 명백한 자기표현의 수단이기 때문이다. 그런데 우리 사회에 이 '아니오'가 사라진 지 오래이다. 세상의 가치에 사람들이 모두 승복하여 그것을 추수하는 것이 일반화되었기 때문이다. 그것이 삶의 요령이 되고 세상을 사는 지혜가 된다. 많은 자기개발서들이 가장 중요한 덕목으로 긍정의 가치를 이야기하는 것이 이를 잘 말해준다. 하지만 이 '아니오'를 말하지 못하면서 우리 모두는 주체를 상실해 가고 있다. 내 생각이 사라지고 그것을 표현할 내 말도 사라지고 누군가 만든 말 누군가 재구성한 용례 다른 누군가가 규정한 의미로만 말을 반복해서 사용할 뿐이다. 시인이 이러한 현실을 모두 '무덤'이라고 표현한 이유는 바로 여기에 있다. 모든 주체가 다 죽었기 때문이다.

남태식 시인은 바로 이러한 현실에서 주체적 언어의 부활을 꿈꾼다.

> 한 때는
>
> 불편했다.
> 어긋나던 길들이
> 삐걱대던 걸음이
> 체증으로 막힌 명치 뚫리듯 터지던 말들이
>
> ……(중략)……
>
> 지금은

불안하다.
불편을 넘어
멎은 시계가
동시에
동시에 우는 자명종이

……(중략)……

불안하다.

악!

—「악!」 부분

비명은 어쩌면 가장 주체적인 언어이다. 주체의 가장 직접적인 반응의 산물이기 때문이다. 그것은 주체 밖의 외부 세계에 대한 가장 강렬한 대응이고 또한 저항이다. 이 비명을 가장 적극적으로 내지를 수 있는 것이 바로 시인의 언어이지만 세상은 그것을 불편과 불안으로 느낀다. 거스르고 반대하고 아닌 것을 아니라고 말하는 것이 모두를 불편하게 만들고 세상을 불안하게 만들기 때문이다. 이럴 때 시인이 낼 수 있는 것은 "악!"이라는 한 마디 비명이다. 어쩌면 그것은 우리 시대 시인이 낼 수 있는 가장 정직한 소리인지 모른다.

이 시에서 이 비명이 상징하는 것이 바로 이러한 언어의 주체성 바로 그것이다.

하지만 비명으로 시작한 주체의 언어를 모색하는 것은 그리 쉬운 일은 아니다. 우리가 너무도 오래 자신의 언어를 잃고 미망 속을 헤맸기 때문이다.

안개가 짙다. 안개가 짙으면 안개에 집중해야만 한다.

안개의 몸피를 더듬어 가늠하고 손가락 발가락의 수를 세어보아야 한다. 안개의 표정은 맑은가 어두운가, 입술은 여태껏 앙다문 채인가 배시시 열리는 중인가, 안개의 속살은 두꺼운가 부드러운가 또 얼마나 깊은가 음습한가 헤아려보아야 한다. 안개의 속살 사이에 들앉은 나무와 풀과 집과 그 안의 숨결들, 웃음들, 빈 들판의 눈물들, 쉼 없이 나뭇가지를 흔드는 한숨들을 코로 귀로 숨으로 느껴야 한다. 감전된 듯 감전된 듯 온몸을 떨어야 한다. 언젠가는 걷힐 안개에 뒤따르는 햇살, 뒤따라 날아오르는 새떼들의 날갯짓 따위는 잠시, 어쩌면 오래도록 잊어야 한다.

바야흐로 때는 안개가 짙을 때, 어김없이 안개가 짙고, 지금 우리는 오직 이 안개에만 집중해야 한다.

—「집중」 전문

현대를 살아가는 우리 모두는 안개에 휩싸여 있다. 자본과 그것이 만들어 놓은 추상의 세계에 우리가 살고 있기 때문이다. 세상은 숫자로 환원되는 자본의 가치가 지배하고 우리는 삶의 구체성을 보지 못한 채 그것이 만든 지표 속에서만 살아가고 있다. 이 안개 속에서 길을 잃지 않기 위해서는 "집중"해야만 한다. 우리를 둘러싸고 있는 안개는 우리의 시각과 판단을 흐리는 외부의 힘이다. 그 외부의 힘에 눌려 우리 모두는 우리의 생각과 언어를 포기하고 살아가고 있는지 모른다. 시인은 그것을 벗어나기 위해 바로 우리의 눈과 귀를 가리는 안개에 집중해야 한다고 한다.

집중하기 위해서는 무엇을 해야 하는가 우리의 모든 감각을 열어야 한다. 그래서 그 안개가 가진 모든 것을 "코로 귀로 숨으로 느껴야 한다." 자신을 찾는다는 것은 주체로서의 감각을 회복하는 것이다. 하지만 우리는 이 감각마저 빼앗기고 산다. 자본이 쳐놓은 촘촘한 그물에 갇혀 그것이 요구하는 것을 맛보고 느끼고 소비한다. 그래서 결국 캄캄한 안개 속에 헤매고 미망에 사로잡혀 산다. 자신의 언어를 회복한다는 것은 주체로서의 감각을 되찾는 것으로부터 시작해야 한다. 모든 세상의 추상적 의미를 구체적 감각으로 환원하는 시어가 바로 이것을 위한 가장 유효한 수단이 아닐까 생각해 볼 수 있다. 남태식 시인이 시를 통해 주체를 회복하고자 하는 고투를 선택한 이유를 우리는 조금은 알 수 있을 것 같다.

3. 날 것의 언어

시는 가공된 언어이고 만들어진 언어이다. 그래서 "시는 언어에 가해진 조직적인 왜곡"이라고 말해지기도 한다. 이러한 가공, 꾸밈을 통해 일상어가 가진 상투성을 거부하고 그것에 잠재되어 있는 권태와 억압을 부정한다. 시에 부과된 비유나 리듬이 이 모든 꾸밈을 담당한다. 하지만 꾸밈이 다시 상투성이 되어버리는 것이 시의 운명이기도 하다. 최근 시에서의 상투성은 바로 여기에 기인한다. 모든 언어가 상품의 장식과 포장이 되어 버린 사회에서 시어도 여기에서 크게 벗어나지 않는다. 원래의 의미를 떠나 길을 잃은 은유와 사소한 삶의 편린에도 다가가지 못한 환유들이 난무하여 언어의 힘을 스스로 상실하게 만들고 있는 것이 지금 현대 한국 시단의 상황이기도 하다.

남태식 시인은 새로운 언어 새로운 비유 새로운 리듬으로 언어의 새로움을 창조하는 대신 과감하게 이들을 벗어버리는 것으로 또 다른 새로움을 만들어간다. 그의 시에 있어서 리듬은 단순하고 비유는 최소화한다. 그리고 그 비유는 원관념의 그것을 강조하는 단순한 형태로 제시된다.

어떤 이에게 사랑은
벼랑 끝에 핀 꽃이다.

굳이 숨기지 않더라도
숨은 꽃이다.

사랑의 절정! 같은 말은 어울리지 않아라.
가슴 깊숙이 감춘 손은 오래 전에 자라기를 멈추었으니.

그리하여 어떤 이에게 사랑은
손닿을 수 없는 벼랑 끝의 영원히 손닿지 않는 꽃이다.

—「숨은 꽃」 전문

사랑을 숨은 꽃으로 비유하고 있다. 다소 상투적일 수 있는 이 비유에 남태식 시인의 시어의 비밀이 있다. 이 말을 다른 말로 설명하면 사랑을 꽃으로 비유할 때 그것은 숨어버린다는 것이다. 그런데 우리는 사랑을 많은 비유를 통해 표현하려고 한다. 그래서 그 사랑을 "사랑의 절정"으로 만들려고 한다. 하지만 그런 것은 존재하지도 어울리지도 않는다는 것이다. 사랑은 "손닿지 않는 꽃이다." 그것은 수식하거나 꾸미거나 장식할 수 없을 때 가장 순수한 언어가 된다는 것이다. 남태식 시인은 이 순수한 언어의 힘을 믿는다.

무덤에 안 드니 경칩 지난 눈바람도 무지 매섭다. 골골 휘저으며 눈발로 등성이를 내리 뭉개니 시려 가슴을 웅크려 오므린다. 눈밭에 몸을 숨기니 겨울은 아무래도 못 건넌다.

무덤에 드니 한겨울의 칼바람도 다소곳하다. 찬 기운 오래일도록 밤새 빚은 눈의 뼈 굳히지 않고, 잠깐 든 햇살에도 모두 삭힌다. 무덤에 몸을 묻으니 겨울은 아무튼지 건넌다.

무덤에 들어 겨울을 건너니 느닷없는 봄이 오고, 드디어 무덤마저 다 벗는다.

—「벗다」 전문

이 시에서 무덤은 다의적인 의미를 갖는다. 혹독한 겨울을 견디는 가장 처연한 방식일 수도 있고 우리의 삶을 지배하고 있는 모든 자본의 힘들을 거부하는 노력이기도 하고 그 자체가 이 모두를 포함하는 삶의 죽음이기도 하다. 그런데 그 무덤을 벗는다는 것은 무엇을 말하는 것일까? 우리의 삶을 겨울로 만들고 우리를 죽음으로 이끄는 세상으로부터 완벽하게 벗어난다는 것을 말한다. 그것은 어쩌면 언어로서 언어를 벗어나는 길이기도 하다. 봄은 그렇게 오는 것이다.

그런데 남태식 시인은 왜 언어의 힘을 회복하고자 할까?

그것은 바로 오늘을 위해서이다.

오늘은 꿈이 자살처럼 솟는 날이다.
오늘은 꽃이 기절처럼 터지는 날이다.
오늘은 봄이 비명처럼 틔는 날이다.

오늘은 저 먼 길의 끝을 당겨
우뚝, 절벽을 세운 날이다.
짧고 뜨거운 봄 여름 가을 꿈결인 듯 지나쳐
차고 거친 긴 겨울을 문득, 덥석, 안은 날이다.
돈에 휩쓸려 애써 잊은 만성두통을 찾은 날이다.

우리 미처 잠을 다 깨지 않은 날이다.
우리 미처 봉오리를 다 빚지 않은 날이다.
우리 미처 화음을 다 맞추지 않은 날이다.
당긴다고 당겨온 길의 끝이 벼락처럼 꺼져
오가는 길 모두 돈처럼 가르는 날이다.

오늘은 잠도 꿈도 아닌 잠에서 깨어
다시 깊은 잠을 자는 날이다.
올곧은 꿈을 꾸는 날이다.
사철 숨과 숨을 이어 환하게 터지는 꽃,
다시 씨앗을 뿌리는 날이다.

오래 함께 환호하며 부를 봄노래,
다시 목청을 가다듬는 날이다.

꿈이 이미 자살처럼은 솟지 않는 날이다.
꽃이 이미 기절처럼은 터지지 않는 날이다.
봄이 이미 비명처럼은 틔지 않는 날이다.
돈으로 일찍 늙힌 민주 회춘하여
오늘은 굽은 머리카락 허리 펴는 날이다. 이런,
생각을 자꾸 해보는 날이다.

—「오늘은」 전문

시인이 오늘 바라는 것은 꿈이고 꽃이고 봄이다. 그것은 그가 바라는 이 땅의 민주주의이기도 하다. 하지만 그것은 "기절처럼은 터지지 않"고 "비명처럼은 틔지 않는" 것이다. 그런 날이 지금 우리가 살고 있는 오늘이다. 이 모든 절망의 뒤에는 "돈"이 있다. 그것은 민주주의를 늙게 만들고 우리의 허리를 굽게 만들었다. 시는 바로 이 오늘의 언어이고 오늘을 위한 언어이다. 존재하지 않는 하늘의 뜻을 얻어 초월을 꿈꾸지 않고 안온한 과거로 돌아가는 퇴행을 꿈꾸지 않는다. 남태식 시인이 날 것의 언어를 사용하는 것은 바로 이 오늘에 대한 실천적 힘을 얻기 위해서이다.

그 힘은 다음과 같이 벽을 무너뜨리는 데 복무한다.

잠의 강에 빠져 비몽사몽 하는 아이들을 향해
한때 함께 설치던 잠은 무엇이었나
한때 함께 쓰리던 속은 또 무엇이었나
대답 없는 물음을 묻고 또 묻는 사이
안개무덤을 감싸는 벽은 차곡차곡 견고하게 쌓이니
오래된 아이들을 향한 물음은 그만 멈추고
오래된 아이들을 향한 바라기도 그만 멈추고
이제 다시 촛불을 든다.

일어나자!
솟구치자!
벗기자!
무너뜨리자!
우우우 함께 외치니
앞에 보이는 건

갈라져 솟구치는 잠의 강
부서져 흩어지는 무덤의 먼지
벗겨져 물러서는 무덤의 안개
무너뜨리지 않으면 감옥이라고 불릴
벽, 막아서는, 무너지는, 벽!

—「다시, 촛불」 부분

벽은 모든 꿈에 대한 단절이다. 새로운 삶으로 가는 행진을 막고 갇힌 아이들을 죽음으로 삼키고 세상을 어둠 속에 빠뜨리는 감옥이고 권력의 성이다. 그것을 무너뜨리는 것은 바로 촛불이고 시인에게 촛불을 켠다는 것은 바로 시를 쓰는 일이다. 남태식 시인의 시들은 바로 이렇게 언어를 통해 우리 삶을 가로막고 있는 벽을 무너뜨리기 위한 힘이 되고자 한다. 물론 그것은 지난한 길이고 실현되기 힘든 환상의 길이기도 하다.

4. 맺으며

남태식 시인의 시는 직정적이기도 하고 거칠기도 하지만 거침이 없다. 이를 두고 혹자는 생경하다고 말할지 모른다. 그런데 '생경하다'는 익숙하지 않고 어색하다는 뜻을 가진 말이다. 어쩌면 우리는 너무 꾸며진 언어에 익숙해져 있기 때문에 이런 시를 보고 생경하다고 표현할지도 모른다. 하지만 남태식 시인의 언어는 생경한 언어가 아니다. 그것은 날것 그대로의 언어이고 꾸미지 않는 언어이다. 꾸며진 언어 타인의 시선에 갇힌 언어 세상의 가치에 순응하는 언어 그리하여 자본의 힘에 의해 상품으로 변질된 언어가 우리 사회를 지배하고 있다. 남태식 시인의 시는 바로 이러한 언어를 거